Maria Aparecida Almeida Fontenele

Mémoires Poèmes

Maria Aparecida Almeida Fontenele

Mémoires Poèmes

Éditions Muse

Imprint

Cover image: www.ingimage.com

Publisher:
Éditions Muse
is a trademark of
International Book Market Service Ltd., member of OmniScriptum Publishing Group
17 Meldrum Street, Beau Bassin 71504, Mauritius

Printed at: see last page
ISBN: 978-620-2-29389-1

PERMANENCE

Mer de sensation illustre:
à court d'un horizon de solitude,
J'ai respiré l'air de l'aube.

La passion est partie
Je frappais à ma porte
bordant le pommier

chanson qui porte des fruits
et les ombres entre les ombres

Mais cachez et scintillez à la gemme précieuse.
Brille et sonde moi
ici à la fin de cette forme inconstante
en dehors des portes qui s'ouvrent
cour arrière
âme de pomme
la lumière qui sort de la pierre.

PERMANÊNCIA

Mar de ilustre sensação:
aquém que horizonte de solidão,
respirei o ar do alvorecer.

Paixão foi-se embora,
outrora batia à minha porta
beirando a macieira esgalhada

canção que dá frutos
e sombras entre-sombras

Mas espreita-me e reluz a gema preciosa.
Resplende e sonda-me
cá até o fim esta forma inconstante
além de portas que se abrem
quintal de fundo
alma de maçã

luz que sai da pedra.

PERMANENCE

Sea of illustrious sensation:
short of a horizon of loneliness,
I breathed the air of dawn.

Passion is gone,
I used to knock on my door
edging the apple tree

song that bears fruit
and shadows between shadows

But lurk and glitter at the precious gem.
Shine and probe me
here to the end this inconstant form
apart from doors that open
backyard
apple soul
light coming out of the stone.

NECTAR DE L'AME

Nectar de bois de santal, calmement

Sonder le sommet de l'âme

Serena et s'endormir, prendre soin d'être

Mon trophée préservé

Comment robuste la brute, sauve le corrompu et

Célébrez bien dans l'absolu

Amour qui n'est pas choisi, mais choisissez.

NÉCTAR DA ALMA

Néctar de sândalo, com calma
Sonda o cume da alma
Serena e adormece, toma conta do ser
O meu, o teu, o nosso troféu preservado
Que lapida o bruto, salva o corrupto e
Celebra o bem no absoluto
Amor que não é escolhido, mas sim escolhe.

NECTAR OF THE SOUL

Nectar of sandalwood, calmly
Probe the summit of the soul
Serena and fall asleep, take care of being
My, yours, our trophy preserved
How sturdy the brute, saves the corrupt and
Celebrate good in the absolute
Love that is not chosen, but choose.

CRI DE LA ROSE

Pleure, rose rosée,

Colibri - compile les restes de mélancolie

Ces larmes étouffent les chagrins qui ont disparu.

Laisse tomber un chêne oublié dans le travail qui compile des souvenirs

de la nature et du charbon

suffocation sculptée dans la fleur de bois, s'embrasser rose, brise de solitude.

CHORO DA ROSA

Chora, rosa orvalho,
beija-flor - compila resquícios de melancolia
que lágrimas sufocam tristezas que se vão.
Desce ao chão um carvalho-
esquecido na obra que compila lembranças
de natureza e carvão
sufoco esculpido na madeira-flor,
beija-rosa, aragem da solidão.

CRY OF ROSE

Cries, dew pink,
hummingbird - compiles remnants of melancholy
That tears suffocate sorrows that are gone.
Drop down an oak- forgotten in the work that compiles memories
of nature and coal
suffocation carved in wood-flower,
kissing-pink, puffing of soli.

RÊVE

Dans le paysage de voyage suivant
Voyage, dans la ligne arc-en-ciel suit
Rêve, bonheur jusqu'à une courte tristesse
Sérénité, colombe de charme
Cette courbe a pris pendant un certain temps

Loin de moi les rêves me conduisent au parfum du bonheur
Chimère au goût de la réalité
Moment de folie agréable, loi qui donne la priorité à l'imaginable dans la tribune de l'âme
Verser la flamme qui a gravé les sentiments du coeur, me jeter sur la route de la nuit.

SONHO

Na paisagem segui viagem
Viagem, na linha do arco-íris segue
Sonho, felicidade até tristeza breve
Serenidade, pomba de encanto
Que a curva levou por enquanto

Distante de mim os sonhos conduzem-me à fragrância de felicidade
Quimera com sabor de realidade
Momento de loucura agradável, lei que prioriza o imaginável na tribuna da alma
Derrama a flama que entalhou os sentimentos do coração,
lançando-me à estrada da noite.

DREAM

In the following travel landscape
Travel, in the rainbow line follows
Dream, happiness until short sadness
Serenity, dove of charm
That curve took for a while

Far from me dreams lead me to the fragrance of happiness
Chimera with a taste of reality
Moment of pleasant madness, law that prioritizes the imaginable in the tribune of the soul
Pour the flame that carved the feelings of the heart, throwing me on the road of the night.

NATURE PURE

Terre, racines réinter

Sea Shakes, peaux de larmes

Ciel errant, océan bleu

Terre, ciel et mer!

Accueil beauté!

Temps qui se cache derrière la colline, disparait

Sauver la brillance de la nature, sa pureté naturelle

Chanson saine qui crie calme

Horizon dense, colline, que le temps cache

Assis dans la moitié de cyprès, la nature est habillée

Harpe de cordes sur le visage blanc et pâle, un voyage

Je suis celui-ci, beaucoup plus grand et en même temps

moins sur la scène divine.

PURA NATUREZA

Terra, reintera raízes
Mar sacode, lágrima oculta
Céu vagante, oceano azul
Terra, céu e mar!
Beleza de Lar!
Tempo que se esconde atrás do monte, some
Salve brilho de natureza, natural pureza
Saudável canção que grita calada
Denso horizonte, monte, que o tempo esconde
Sentado à meio cipestre, de natureza se veste
Arpista de cordas em branco, face pálida, uma jornada
Sou este, bem maior e ao mesmo tempo
menor no palco divino.

PURE NATURE

Earth, reinter roots

Sea shakes, tear hides

Wandering sky, blue ocean

Earth, sky and sea!

Home Beauty!

Time that hides behind the hill, fades away

Save nature's brilliance, natural purity

Healthy song that screams quiet

Dense horizon, mount, that time hides

Sitting in half cypress, nature is dressed

Harp of strings on white, pale face, a journey

I am this one, much bigger and at the same time less on the divine stage.

LA MOUETTE

Les ailes de l'oiseau se blottissent ailleurs
Vous voulez voir l'horizon, la lumière, l'aurore
Dans mon âme, la similitude, le bonheur veut chercher
Fatigue qui met la tristesse à l'extérieur

Sur le terrain la vie vous tient entre les mains
Aujourd'hui les ailes tiennent la vie
Sachez que l'apprentissage n'est jamais vain.

A GAIVOTA

Asas da ave aconchegam-se em outro lugar
Quer ver o horizonte, a luz, a aurora
Em minh´alma à semelhança, felicidade quer buscar
Cansaço que põe a tristeza para o lado de fora

No campo a vida lhe segura nas mãos
Hoje as asas seguram a vida
Percebe que o aprendizado nunca é vão.

The gull

Wings of the bird snuggle elsewhere
You want to see the horizon, the light, the aurora
In my soul, similarity, happiness wants to seek
Tiredness that puts sadness to the outside

In the field life holds you in the hands
Today the wings hold life
Realize that learning is never vain.

SAUDESS

Feuille qui se bloque et avance

Tu me manques, pain grillé du passé

Présent vivant.

SAUDADE

Folha que pende e prossegue
Saudade, brinde do passado
Presente vivo.

MISSING

Sheet that hangs and proceeds

I miss you, toast of the past

Present alive.

MIROIR D'EAU

Je me suis promené entre les champs et les lis
une rivière et là ton visage était
Reflété brusquement dans mes yeux, apparaissant
Miroir d'eau.

Au milieu du charme de la nature
Comment j'ai vu ton visage recouvert de pureté
Doux charme que l'extase
Je pouvais voir votre visage en elle.

Quand je vois que tu es mon épouse
Si je ne la vois pas, c'est la mort elle-même.
Miroir reflétant mon illusion
Enveloppé dans l'amour et la passion.

Miroir qui ancre ce que mon âme veut voir
Même si vous ne pouvez pas avoir actuellement
Miroir dont mon âme a besoin
Couvrir mes yeux pour tout ce qui reste dans la vie.

ESPELHO D' ÁGUA

Andando entre campos e açucenas deparei-me com
um rio e ali teu rosto estava
Refletido nitidamente em meus olhos, parecendo
Espelho D'Água.

Em meio ao lindo encanto da natureza
Quão vi teu rosto coberto de pureza
Doce encanto que inebria
Olhando tua face nela me via.

Quando à vejo é meu consorte
Se não à vejo é a própria morte
Espelho que reflete minha ilusão
Envolvido de Amor e Paixão.

Espelho que ancora o que minha alma quer ver
Mesmo que no momento não possa ter
Espelho que minh´alma necessita
Encobrindo meus olhos para tudo que resta na vida.

WATER MIRROR

Walking between fields and lilies I came across
a river and there your face was
Reflected sharply in my eyes, appearing
Water mirror.

Amidst the beautiful charm of nature
How I saw your face covered in purity
Sweet charm that ecstasy
Looking at your face in her I could see.

When I see you are my consort
If I do not see her, it's death itself.
Mirror reflecting my illusion
Wrapped in Love and Passion.

Mirror that anchors what my soul wants to see
Even if you can not currently have
Mirror that my soul needs
Covering my eyes for all that 's left in life.

LEVER DU SOLEIL

Eveillé de rêverie, image de l'aube nouvelle
Chaque jour attend, enterre mes nombreuses illusions
Aspirant, âge me jetant au temps
Le vent, un paquet de souvenirs.

Je suis un artiste de la vie, harpiste à cordes en blanc
Fleur Pathfinder dans la luxuriante
J'aime semer, au milieu des rochers je vis avec
Je flotte, jouissant de la liberté et survivant le courage.

AMANHECER

Desperto de devaneios, quadro do novo amanhecer
Cada dia espera, enterra minhas tantas ilusões
Saudade, idade lançando-me ao tempo
Vento, embrulho de recordações.

Sou artista da vida, arpista de cordas em branco
Desbravador de flores no acalanto
Amor semeio, em meio à rochas convivo
Flutuo, apreciando liberdade e no brio sobrevivo.

DAWN

Awakened from daydreaming, picture of the new dawn
Every day wait, bury my many illusions
Longing, age throwing myself to the time
Wind, a bundle of memories.

I'm a life artist, string harpist in white
Flower Pathfinder in the Lush
Love sow, amid the rocks I live with
I float, enjoying freedom and surviving courage.

PROFITER DE L'ÂME

Bien résister et vigueur émaner

Âme de flamme légère

Parfum que l'amour tient

Précieux petit travail de pierre

La germination maintenant réticente

Voici, dans l'essence la plus profonde grandit.

RECANTO DA ALMA

Bem resiste e vigor emana
Alma de luz que flama
Perfume que o amor retém
Calhau precioso labuta
A brotar ora reluta
Eis que na essência íntima medra.

ENJOY THE SOUL

Well resist and vigor emanate

Soul of Flame Light

Perfume that love holds

Precious little stone toil

Sprouting now reluctant

Behold, in the innermost essence grows.

LE COEUR

Corps enveloppé dans les artères
Je me sentais, émotion encadrée
Accepte, porte, glisse dans les veines
Couleurs fraises fluides des fluides de la vie
Pound Box, toujours dans l'attente d'un nouveau départ
Départ d'un instant, l'arrivée, attendre sans cesse
Le pouvoir de la vie, dans un coeur.

O CORAÇÃO

Corpo, envolto de Artérias

Senti, mo(mento) emoldurado de emoção

Acolhe, carrega, escorrega nas veias

Correnteza, cor morango de fluídos de vida

Caixa de pulsar, esperando sempre o recomeço

Partida de um momento, a chegada, espera sem cessar

A força da vida, em um coração.

THE HEART

Body, wrapped in arteries
I felt, emotion framed
Accepts, carries, slips in the veins
Flowing strawberry color of life fluids
Pound box, always waiting for a fresh start
Departure of a moment, the arrival, waiting without ceasing
The power of life, in a heart.

AU MILIEU DE LA ROUTE

Au milieu de la route repose la feuille qui cache la pierre
Pierre de pierre, pierre dure, celle de si dure durerait toute une vie
Pierre solide, celle de tant insistante devient méchante aux yeux de la terre
Oublié, avant le ciel nu
Pierre observant et retenant le précieux caillou dans votre rétine
Procrastinez, voici, vous vous trompez dans l'attente d'un autre regard.

NO MEIO DO CAMINHO

No meio do caminho repousa a folha, que esconde a pedra
Pedra empedrada, dura pedra, que de tão dura duraria uma vida
Pedra resistente, que de tão insistente chega a ser impertinente na visiva da terra
Esquecida,perante o céu despida
Pedra que observa e retém o calhau precioso em sua retina
Procrastina, eis que erra na espera de um outro olhar.

MIDWAY

In the middle of the road rests the leaf, which hides the stone
Stone stone, hard stone, that of so hard would last a lifetime
Sturdy stone, that of so insistent becomes naughty in the sight of the earth
Forgotten, before the naked sky
Stone observing and retaining the precious pebble in your retina
Procrastinate, behold, you err in expectation of another look.

UNO TERRE

Heron, un point de lumière qui ressort de l'encombrement et de l'odeur anesthésiante, à un seul étage. Capillaires glomérulaires de la société, consume son repos, des couvertures ornées d'eaux sales ses plumes à l'aplomb. Les jambes couvertes et l'âme baignée, dans l'attente de la clarté.

UNICO CHÃO

Garça, ponto de luz que reluz dentre a desordem e cheiro entorpecedor, único chão. Glomérulo da sociedade, consome seus restos, cobertores enfeitados de sujas águas suas penas sondam. Pernas cobertas e alma banhada, espera a claridade.

UNO GROUND

Heron, a spot of light that shines out of the clutter and numbing smell, single floor. Glomellar capillaries of the society, consumes its rest, blankets adorned of dirty waters its feathers plumb. Legs covered and soul bathed, waiting for clarity.

SYNERGIE

La vie glisse dans les rivières, glisse dans les veines et voyage dans le temps. J'ai déjà vu sur les toiles peintes tout le sentiment pris au piège, qui est libéré lors de l'observation. Les couleurs ne sont pas des couleurs, ce sont des odeurs indescriptibles des yeux endormis. Je sens le sol qui enracine mes liens et me fait me tenir debout ou allongé. Sur le vent souffle le coeur qui vole et bat encore parce qu'il est libre.

SINERGIA

A vida desliza nos rios, escorrega nas veias e viaja no tempo. Já vi nas telas pintadas de carne todo o sentimento preso, que se liberta ao ser observado. Cores não são cores, são odores indesifráveis de olhos adormecidos.

Sinto o chão, que enraíza minhas conecções e me fazem estar em pé ou deitada. Sobre o vento, sopra o coração que voa e mesmo assim bate porque está livre.

SYNERGY

Life slips in the rivers, slips in the veins and travels in time. I have already seen on the painted canvases all the feeling trapped, which is released upon being observed. Colors are not colors, they are indescribable smells of sleeping eyes.

I feel the ground, which roots my connections and makes me stand or lie down. On the wind blows the heart that flies and still beats because it is free.

LA CONCEPTION DU MONDE

J'aimerais vivre comme la vie était la couronne de mon enfance. Dans les temps à venir, il existe des heures tristes, comme celle de ma naissance, face à la réalité. Le temps ne crée pas de barbes et on ne peut pas se couper les cheveux. Peut-être que l'enfance est la période la plus heureuse, où mes chevaux sont des poneys qui s'arrêtent pour s'asseoir sur eux et j'apprécie chaque minute parce que je les domine.

Les pensées ne sont plus apprivoisées avec la facilité d'age de notre jeunesse. La conception du monde est la naissance la plus douloureuse qui soit.

LA CONCEPTION DU MONDE

J'aimerais vivre comme la vie était la couronne de mon enfance. Dans les temps à venir, il existe des heures tristes, comme celle de ma naissance, face à la réalité. Le temps ne crée pas de barbes et on ne peut pas se couper les cheveux. Peut-être que l'enfance est la période la plus heureuse, où mes chevaux sont des poneys qui s'arrêtent pour s'asseoir sur eux et j'apprécie chaque minute parce que je les domine.

Les pensées ne sont plus apprivoisées avec la facilité d'age de notre jeunesse. La conception du monde est la naissance la plus douloureuse qui soit.

A CONCEPÇÃO DO MUNDO

Quem dera viver como a vida fosse o redomo de minha infância. No tempo a frente as horas tristes existem, como aquela que vivi em meu nascimento, ao deparar-me com a realidade. O tempo **não** cria barbas e não podemos cortar seus cabelos. Talvez a infância seja a época mais feliz, onde meus cavalos são pôneis que param para sentar-me neles e aproveito cada minuto, pois os domino.

Os pensamentos já não são domados com a facilidade de outrora à partir de quando crescemos. A concepção do mundo é o parto mais doloroso que existe.

THE CONCEPTION OF THE WORLD

I wish I lived as life was the crown of my childhood. In the time ahead the sad hours exist, like the one that I lived in my birth, when faced with the reality. Time does not create beards and we can not cut their hair. Maybe childhood is the happiest time, where my horses are ponies that stop to sit on them and I enjoy every minute because I dominate them.

Thoughts are no longer tamed with the ease of yore from when we grew up. The conception of the world is the most painful birth there is.

Printed by Books on Demand GmbH, Norderstedt / Germany